Peter
Barbara
Sandra
Thomas
Beatrice
Maya
Dieses Buch gehört:
Sabine
Jürg
Roland
Frank
Christoph
Walter
Brigitte
Ruth
Dieter

in der Klasse

Menu
Hackbraten
Kartoffelstock
Karotten
Grüner Salat
Pudding

beim Essen

in der Pause

BONCOLAC

auf der Strasse

im Schwimmbad

im Wald

am Fest

Susi
Helga
Klaus
Heidi
Bruno
Markus
Silvia
Erich
Urs
Dominik
Claudia
Sonja
Daniela
Frau Martha
Christa
Patrick